髪型を変えれば若返る！

シニア ビューティヘア
Senior Beauty Hair

えがお美容室　テルイ タカヒロ

講談社

はじめに

　年齢と共にお肌がたるんだり、シワやシミができたり、顔に変化が表れてきます。それと同じように頭皮や髪にも変化が起きてきます。「分け目やつむじまわりのペタンコが気になる」「髪にうねりが出てきた」「毛先がパサつく」など髪の悩みも十人十色。
「素敵な髪型になりたい」と思っても、解決策を知らなければ、叶えることはできません。

　私は、美容師としてシニアの女性の多くの方々の髪の悩みを解決してきました。
　素敵な髪型を追い求めるのも若い頃はよかったと思いますが、年齢を重ねたら自分に似合う髪型を探すことが必要になってきます。それは顔立ちや髪質を理解せずに、合わない髪型にしてしまうと、老けて見えるケースがあるからです。
　逆にいえば顔立ちや髪質などをしっかり理解して、髪型を変えれば若返ることができるのです。

老けた印象になってしまうと敬遠しがちだった白髪も、暗い色のヘアカラーで隠すのではなく、白髪でしかできないヘアカラーやグレイヘアにして「私らしい髪の色」を自由に楽しめば「あなたの髪色、素敵ね」と褒められることでしょう。

　美容室でのオーダーの仕方から、簡単にきれいにできるスタイリングのコツなど、いつでも若々しく、きれいなヘアスタイルを保つコツをこの本にまとめました。

　年齢を重ねてあきらめかけていた、「いつでもきれいなヘア」。この本でその願いを叶えてください。

えがお美容室
テルイ　タカヒロ

目次

はじめに ……………………………………………………………………… 2
髪を切ったら、気持ちも表情もより素敵に変身！ ………………… 6

PART1 　読者実例
いつでも美容室帰りのようにきれいになれる

シニア世代女性の髪の悩みに答えます

Q1 髪が柔らかいため、根元にボリューム感が出せず、
　　ペタンとなってしまいます …………………………………………… 14
Q2 髪がパサパサに乾燥。ブラシやカーラーが使えず、
　　ボリュームがうまく出せません ……………………………………… 18
Q3 髪がパサついてうまくセットができず、
　　分け目が目立ってしまいます ………………………………………… 22
Q4 強いクセ毛で髪の量も多く、広がってしまいまとまりません‥ 26

グレイヘアをきれいに保つには？

Q5 髪が細くパサついて見え、ボリュームとツヤが出ません ………… 32
Q6 髪が細くクセがあるため、髪の根元が
　　ペタンと横に広がってしまいます …………………………………… 36
Q7 白髪染めをやめて明るい髪色を目指していますが、
　　色の違いやムラが気になります ……………………………………… 40

コラム

年齢とともに気になる抜け毛　みなさんの疑問にお答えします！ …… 30
今さら聞けない！　ヘアケアの疑問を教えて！ ……………………… 31
多くの人が抱えている悩み　白髪の疑問に答えます！ ……………… 44
髪のボリュームアップのためにかけたいパーマ。この世代の注意点は？ … 45
家でもきれいにスタイリングするためには？ ………………………… 46

コツを掴めばきれいに若返る！

どんな髪質、髪型でも必ず似合う
プロがすすめる、"若見え王道ボブ"……………………………48
シャンプーとヘアドライを変えるだけで髪は変わります！……………56
誰でも簡単、誰にも似合う!!
プロがすすめる3点カバーの"若見えメイク"……………………72

コラム
美容師さんと上手に付き合うともっときれいになれる！……………67
知っておくと役立つ言葉………………………………71

えがお美容室
東京・巣鴨のとげぬき地蔵尊そばの「シニア世代 女性のための美容室」。髪のボリュームが出ない、白髪が気になる、髪が細くなってきた、などシニア世代の女性の多くが抱えるヘアの悩みに答えてくれるサロンです。美容室ではきれいに仕上がっても、自分ではうまくセットできないという方にも、ふだんのお手入れの方法をアドバイス。毎日のきれいを叶えてくれると評判です。

えがお美容室　人気にこたえ、2019年4月オープン。
〒170-0002　東京都豊島区巣鴨3-20-14 山下ビル2F　☎03-5980-7522
http://egao-salon.jp/

えがお美容室　プライベートサロン　個室のような空間で施術。
〒170-0002　東京都豊島区巣鴨2-9-26　ミツワマンション2F

えがお写真館
日本初のシニア・シルバー世代（60歳以上）専門の写真スタジオ。月間100人以上撮影しており、この分野に関しての経験と実績は日本一。シニア女性を美しく撮ると評判で、全国各地から予約が殺到しています。
〒170-0002　東京都豊島区巣鴨4-22-26　光マンション1F　☎03-5944-5737
http://egao-shashinkan.jp/

髪を切ったら、気持ちも表情もより素敵に変身！

After

肌がきれいに見えるグレイヘアになりたい

Before

分け目をなくして眉ラインで揃えることで、肌色なじみをよく

分け目をぼかしてなくすと、頭頂部に自然なボリューム感が出ます。前髪は眉がギリギリ隠れるぐらいの長さにすることで、顔に影ができにくくなり肌色もきれいに見えるようになります。

「1年前からグレイヘアに。気に入っていますが、顔色が悪く見えるときがあって悩んでいます。グレイヘアと肌のなじみをよくする髪型はありますか？」（50代）

side

前髪から頭頂部、後頭部までのラインがきれいに丸くなっています。後頭部は少し膨らむようにカットラインをつくっています。

back

後頭部からえり足にかけて丸みを残してカットします。えり足はすっきりと刈り上げます。

髪を切ったら、気持ちも表情もより素敵に変身！

疲れて見えない モードなグレイ ヘアになりたい

After

Before

「グレイヘアは、気に入っていますが、たまに疲れた印象に見えてしまうのが残念。よりおしゃれに見せるためにはどこにポイントをおくべきでしょう？」（60代）

グレイショートは、サイドを締めて、トップの毛先に動きをつけて

グレイヘアのショートヘアでモード感を出すには、頭頂部のボリューム感が重要。そのため、サイドの髪は広がらないようにカット。頭頂部は毛先に動きが出るようにカットしていきます。

side

横から見たときに、頭頂部から後頭部にかけて丸くボリュームが出るようにカットします。その分、サイドはタイトに。

back

後ろから見たときにも頭頂部から後頭部にボリュームが出るように。ほかはすっきり整えることが大事。

サイドにボリュームで若々しく

After

段を入れて、ひし形シルエットに柔らかなふんわり感をプラス

より地肌感が目立つこともあり、セミロングより長い髪型はあまりおすすめできません。サイドにふんわりとしたボリュームが出るようにひし形に段を入れる短めボブにしました。

Before

50代以上の女性にも支持率が高いセミロング。「年齢とともにボリュームが減って、地味な印象や疲れた感じに見えがちなのが悩みです」（60代）

side

頬のラインにボリュームが出るようにサイドに段を入れているので、ふんわり感がアップし、髪にも動きが出ます。

back

頭頂部から後頭部は自然な丸みをつけてボリュームアップ。毛先は内巻きにして柔らかな動きを。

長めが好きな人は、段＋パーマで動きを出して

After

Before

長めが似合わなくなると言われてもファンが多いセミロング。「重たくもっさりとした印象に見えて困っています。年齢に合う若々しさがないのが悩みです」（50代）

こめかみ下から髪に動きを出すことで軽やかな印象に！

髪にうねりなどが出やすい世代は、ストレートのセミロングはもっさりと見える原因になります。こめかみ下に段を入れて、ゆるめのパーマを全体にかけることで、軽やかさをプラス。

 **side**

 **back**

髪全体に動きが出るので、毛先の毛溜まりもなくなり、表情があるヘアスタイルに。華やかな印象もプラスされました。

ゆるめのパーマをかけることで、ランダムな毛流れをつくり、髪全体に動きを出しています。

セミロングを若々しい印象に変える

長年続けている髪型が似合わなくなる世代。特に長めの髪は、毛先に重さが集まって、顔のたるみが目立つことも。少し短めの"ミディアム丈"がおすすめ。（60代）

ありがちなショートをおしゃれに見せるには？

おしゃれなショートにしたい方におすすめなのが、前髪をぼかして下ろすスタイル。頭頂部から段を入れて前髪をぼかすので毛先に動きが出て華やかに。（60代）

髪を切ったら、気持ちも表情もより素敵に変身！

広がりやすいクセ毛。上手に扱えません

更年期以降、髪にうねりやクセが出て、うまくセットできない人も多い。クセを補整するのではなく、生かしながら毛量調節をして、動きを出すのがおすすめ。（70代）

フェイスラインがすっきり見えるショートは？

中途半端なショートよりも思い切って短めにしたほうが、実はフェイスラインはすっきり。毛先がランダムに動くようにカットすると、よりおしゃれ感がアップ。（60代）

不器用な人でも きれいにまとまる ヘアスタイルは？

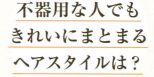

美容師さんのようにセットするのは難しいもの。思い切ってパーマでカールスタイルに。ムースをつけるだけで、簡単にセットができます。（70代）

ボリューム不足で 老けて見えるのが 気になります

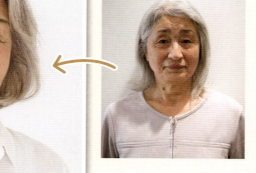

フェイスラインに沿った長めの髪は、ペタンとしがちで年齢より上に見えることも。あご下でカットして段を入れると、華やかな印象で若返ります。（70代）

PART 1

読者実例

いつでも美容室帰りのように きれいになれる

髪のボリュームがなくなった、根元がペタンとしてしまう、
乾燥しやすい、白髪が気になる……
多くのシニア世代が抱える髪の悩み。どうしたら、いつも美容室帰りのように
素敵になれる？ ポイントを読者の具体例から伝授。

シニア世代女性の髪の悩みに答えます

Q1 髪が柔らかいため、根元にボリューム感が出せず、ペタンとなってしまいます

悩み
- 髪が柔らかい
- ボリュームが出ない

美容室でカットする前

私の悩み
カーラーで巻いても頭頂部が貧弱に見えてしまい困っています。

中江資子さん(70代)

アドバイス
分け目をつけると地肌感が強調されることも。前髪をつくることで、簡単に悩みは解消できます。

美容室へ

自分でセットすると

いつも通りにセットしたら、根元がうまく立ち上がりません

私の悩み
洗って乾かすだけのショートが好きです。前回かけた毛先のパーマが強く、横に広がってしまうのが今の悩み。前髪を横に流すように整えていますが、根元が立ち上がりません。その分、前髪から頭頂部の毛量がペタッとして、少なく見えて気になります。

side

A1 前髪と頭頂部の毛流れを変えただけで、自然なボリューム感

アドバイスどおりにセットすると

毛流れを変えるだけで、悩みがすべて解決！

「前髪と頭頂部の毛流れを変えただけで印象が変わるとは思いませんでした。悩みだった横の広がりがすっきりしました。分け目をなくしたので、髪の生え際や地肌の透け感も気にならなくなりました」

美容師さんへ
前髪をつくって、分け目をなくす

カット

前髪は眉上、えり足は2cm、もみあげは鼻先の延長線の長さに。耳下と後頭部、サイドはグラデーションカットし、レイヤーでトップとつなげます。

パーマ

トップセクション15mm〜アンダーセクション8mmまで平巻きで毛先から根元まで巻き込みます。前髪は17mmで内巻きワンカールに収めます。

※この髪型をオーダーしたいときに、美容師さんに見せて下さい。

Q_1の解決法

いつものお手入れ
両サイドの毛先を中心に、直径2cmぐらいのホットカーラーを巻いてセットしています。毛先にはカールはつくのですが、根元がしっかり立ち上がらず、ボリュームが出ません。前髪、頭頂部の毛流れも横に戻ってしまいます。

プロのアドバイス
直径3cmぐらいの太めのカーラーを使用。
巻くのは、前髪から頭頂部、後頭部だけ。

カーラーを4本巻くだけ！　簡単スタイリング

1 | 前髪を毛先から根元まで前に向かって巻く

前方向に巻くことで、カーラーを外したときに、分け目がなくなり、厚みが出てボリュームもアップ。カーラーは、直径3cmぐらいの太めのものを。細いものだとボリュームがきれいに出ません。

×NG
細めのカーラーで毛先だけを巻くのはダメ。

PART1 読者実例 いつでも美容室帰りのようにきれいになれる

3 カーラーを外したら手ぐしで整え、スプレーをかけて固める	2 頭頂部と後頭部の髪を、根元まで後ろに引っ張りながら巻く

カーラーを外したら、ブラシは使わず、手ぐしで軽くほぐすように整えます。髪から15㎝程度離してハードタイプのスプレーを全体にかけ、髪を固めてボリュームをキープします。	前髪以外、頭頂部から後頭部は、後ろ向きに巻きます。毛束を薄めにとって、上に髪を引っ張るようにしながら、根元までしっかりと巻いて15分で外します。

スタイリングのポイント

カーラーでボリュームを出すのが大切

- カーラーを巻く前に、全体の根元に空気を入れるように**手ぐしでドライヤーの風を入れる**。
- **直径3㎝程度の太めのカーラーを使う**。おすすめは、髪を根元まできれいに巻き込める"マジックカーラー"と呼ばれるタイプのカーラー。
- カーラーがぶらさがらないよう、**地肌につくまでしっかり巻き込む**。
- 頭頂部、後頭部は後ろに向かって巻いて。頭頂部のボリュームを目立たせたいときには、サイドの髪はあえて巻かない。

17

Q2 髪がパサパサに乾燥。ブラシやカーラーが使えず、ボリュームがうまく出せません

悩み
- 全体的にボリュームが出ない

美容室でカットする前

私の悩み
猫っ毛で強い乾燥髪。ボリュームが出せません。

藤田みや子さん(70代)

アドバイス
カットで段を入れ、根元までパーマをかけると自然なボリュームが出て、セットもしやすくなります。

美容室へ

自分でセットすると

パサついてまとまりがなく、頭頂部と後頭部をふっくらさせたいのですが

私の悩み
カットで段を入れることで、髪に動きが出ました。でも、毛流れ方向に髪が寝てしまい、根元が立ち上がりません。とくに頭頂部のボリュームのなさが気になります。

side

PART1 読者実例　いつでも美容室帰りのようにきれいになれる

A2 猫っ毛の人は、"ひし形"のカットラインが鉄板！

アドバイス
どおりに
セットすると

side

長方形よりもひし形で頭頂部に自然なボリュームをプラス

「不器用なので面倒なお手入れは無理とお話ししました。お手入れも簡単でボリュームも出て気に入っています」

美容師さんへ
段を入れて、ひし形シルエットに！

カット

アウトラインは肩につく長さで、頬骨の高さが一番幅広になるようなひし形にカット。前髪は目にかかる長さで、前髪からサイドにつながるようレイヤーを入れます。トップ、後頭部、耳下も全体がつながるようレイヤーを入れます。

※この髪型をオーダーしたいときに、美容師さんに見せて下さい。

パーマ

前髪・トップセクション20mm、ミドルセクション20mm、アンダーセクション17mm・15mmのロッドで平巻きで、毛先から根元まで巻き込みます。

カラー

赤みのある茶色（10トーンのカッパーブラウン）で顔の血色がよく見えるようにします。

Q₂の解決法

いつものお手入れ

髪は夜に洗い、乾かして寝ます。スタイリングは朝、スタイリング剤をつけてササッと。ブラシもドライヤーも使いません。静電気が起きるので、冬は特に何も使わない。豚毛のブラシでもダメなのです。

普段のセットはクリームをつけるだけ

プロのアドバイス

ブラシ使いが苦手な人は、使わなくても大丈夫。ドライヤーの風のあて方を変えれば、ボリュームは簡単にアップします。

重要なのは、ドライヤーの風をあてる向き

1　髪が乾いている場合は、根元を水で濡らす

乾いているとボリュームが出にくく、静電気も起きやすいので、髪の根元に水をスプレーし、濡らします。

2　髪の流れと逆方向に髪を引っ張り、根元を乾かす

頭頂部の毛束を指で薄くとり、毛流れとは逆方向に髪を軽く引っ張りながら、根元を中心に髪が乾くまでドライヤーの風をあてます。後頭部やサイドも同様に乾かしていきます。

3 髪の内側に手を入れ、手ぐしでボリュームをプラス

髪の内側に両手を差し込んで、地肌から毛を立ち上げるように、全体を整えます。指の腹で、頭頂部方向に頭皮を優しくこするように動かすと、ボリュームアップ。髪の外側からなでるように整えてしまうとボリュームがなくなるので注意しましょう。

4 ボリュームが出たら、スプレーでスタイルキープ

髪から10〜15cm離したところから、全体にふわっとハードタイプのスプレーをかけます。

スタイリングのポイント

とにかく毛流れに逆らって乾かす！

- 毛の流れと逆向きに髪を引っ張り、**根元に風を入れるように**ドライヤーをあてるのがコツ。頭頂部から後頭部は、髪を上に引っ張り上げ、下からドライヤーをあてていきます。

- 柔らかい髪はボリュームが潰れてペタンとしやすいので、**ハードタイプのスプレーをかけて固め**、ふんわりとしたボリュームを維持します。

Q3 髪がパサついてうまくセットができず、分け目が目立ってしまいます

悩み
- 分け目が目立つ
- 髪の乾燥が気になる

美容室でカットする前

私の悩み
グレイヘアにしてから髪がパサついて、毛量も少なくなり、髪が貧弱に見えがちです。

浅野紀子さん（70代）

アドバイス
前髪から頭頂部にボリュームが出るようにカットラインを変えるだけで、印象は変わります。

美容室へ

自分でセットすると

ドライヤーが重くて苦手。
椿油で整えていますが、ペタッとした印象に

私の悩み
椿油を毛先につけると、重さで、頭頂部がペタンとする原因に。また、毛先だけがしっとりしすぎて、全体のパサつきが目立つこともあるので、毛量が気になる方にはあまりおすすめできません。

side

PART1 読者実例 いつでも美容室帰りのようにきれいになれる

A3 前髪から頭頂部のボリュームが分け目を自然に隠し、ふんわりした流れのある髪に

アドバイスどおりにセットすると

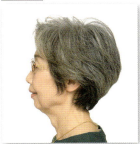

頭頂部がふんわり。首筋がすっきり変身！

「頭頂部にボリュームが出るだけで、顔の形まで違って見えるとは思ってもいませんでした。前髪の立ち上がりも自然で、分け目も気にならなくなりました」

美容師さんへ

あご上ラインにボリュームを集める

カット

王道ボブがベース（P48参照）。ただし、前髪は目の下、サイドはあご上のラインの長さに。この長さだと、髪に重さがないので、頭頂部のボリュームが潰れません。

パーマ

トップ、つむじまわりにボリュームが出にくい場合は、大きめのロッド（20mm前後）でパーマをかけます。

※この髪型をオーダーしたいときに、美容師さんに見せて下さい。

Q₃の解決法

いつものお手入れ
髪を乾かすとき以外は、ドライヤーを使いません。椿油をつけた指先で、毛先をくるくるさせ、全体を手ぐしで整えます。

プロのアドバイス
椿油の代わりに洗い流さないトリートメントを使用。また、カーラーで分け目をぼかします。

乾かす前に"洗い流さないトリートメント"をつけて髪を保湿

10円玉大ぐらいの量で

1 濡れた髪に、"洗い流さないトリートメント"をつけて揉み込む

夜、髪を洗ってタオルでしっかり水気をとった後、根元以外の髪全体に"洗い流さないトリートメント"を揉み込みます。

※トリートメントは濡れた髪のほうがよくなじみます。朝起きて乾燥が気になる場合、静電気が起きる場合は、髪全体を水スプレーで濡らしてから再度"洗い流さないトリートメント"を揉み込みます。

×NG
毛先だけつけるのはダメ。

2 ドライヤーで髪全体を乾かす

前髪、頭頂部は髪を引っ張り上げ、根元に空気を入れるようにドライヤーの風をあて、乾かします。

PART1 読者実例　いつでも美容室帰りのようにきれいになれる

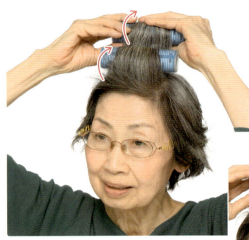

3 　前髪と頭頂部の髪に、毛先から根元まで後ろにカーラーを巻く

15分くらい経ったら、カーラーを外します。

※時間がないときは、巻いた後にドライヤーの温風を10秒、その後に冷風を5秒あてます。熱を加えてから冷ますことで、ボリュームのキープ力が高くなります。

カーラーが下がらないよう、根元までしっかりと巻いて

4 　ワックスをつけ、手ぐしで全体を整える

ボリュームを維持するようにワックスで整えると、ツヤと毛流れが出て乾燥予防に。前髪の立ち上がりを片手で押さえ、もう片方の手の指先で毛束を挟むようにしてワックスをつけると、前髪のボリュームが崩れません。
グレイヘアの場合、スプレーよりワックスのほうがツヤが出て美しく見えます。

スタイリングのポイント

"洗い流さないトリートメント"で乾燥を防ぐ！

- **"洗い流さないトリートメント"は、髪となじみがよいオイルタイプがおすすめです。**揮発性もあるので、さらっと仕上がります。

- カーラーでつくったボリュームをしっかりキープしたい場合は、ワックスは使わずに、手ぐしで整えた後、**ハードタイプの固めるスプレーをかけます。**

Q4 強いクセ毛で髪の量も多く、広がってしまいまとまりません

悩み
■ 髪が多い
■ 広がりやすい

美容室でカットする前

私の悩み

ボリュームが出すぎて、頭が大きく見えてしまいます。

高品祐子さん(50代)

アドバイス

分け目を変え、長さは揃えず左右を非対称に。ボリューム感をあえて変えておしゃれ感アップ。

↓ 美容室へ

自分でセットすると

自分でスタイリングするとやはり髪が広がってしまいがち

私の悩み

カットでボリュームは減らしてもらったのですが、やはり広がりやすい髪なので乾くと左右に広がってしまいます。広がりを抑えたいです。

side

PART1 読者実例 いつでも美容室帰りのようにきれいになれる

A4 広がる髪は、左右のボリューム感をあえてアンバランスに

アドバイスどおりにセットすると

非対称なシルエットが髪に動きを出しておしゃれに

「クセで左右に広がるのが悩みでした。でも、左を少し短く、毛量も減らしたことで、髪に遊びが出て、軽やかな印象になりました。カジュアルな服にも合うので気に入っています」

美容師さんへ
左右アンバランスな長さで、センスアップ！

カット
サイドを片側はあご下、逆サイドはリップラインになるよう、左右違う長さにカット。えり足は2cm、耳下と後頭部はグラデーションカットに。左右一緒だと広がって見えるので、非対称にしてメリハリや遊びをもたせます。髪に表情が出て、おしゃれに見えます。

カラー
ベースは明るめ（9トーン）のカーキブラウンで染め、より明るい（13トーン）ベージュで細いメッシュを入れます。

※この髪型をオーダーしたいときに、美容師さんに見せて下さい。

Q4の解決法

いつもの お手入れ

カジュアルなときはウェーブのまま、フォーマルなときは全体をホットカーラーで巻いてクセを伸ばしています。ホットカーラーを使うと髪が乾燥して傷むので、毛先だけ毎日アルガンオイルをつけ、お手入れしています。

プロの アドバイス

クセが強い人は、クセを魅力と考えて生かすスタイリングが理想です。ホットカーラーで巻くと逆に広がるので、ムースで"魅せるクセ"に変えましょう。

ムースは、少しずつ髪に揉み込むように使用

1 髪を濡らし、左右どちらかに分け目をつくる

水スプレーで髪全体を濡らします。7割程度までドライヤーで乾かし、左右どちらかに分け目をつくります。左右違うボリュームにするため、真ん中で分けてはいけません。

2 手のひらにムースを出し、もう片方の手の指先に少量とる

ウェーブにメリハリをつけるムースを、テニスボール1個分くらい、手のひらに出します。髪のパーツごとに揉み込んでつけていくため、指先にムースを少量とります。

PART1 読者実例 いつでも美容室帰りのようにきれいになれる

3 髪を部分的に摑み、指先につけたムースを揉み込む

頭を4つのパーツに分け、右サイド、右後ろ、左サイド、左後ろの順に、指先にムースをとって揉み込んでいきます。4つのパーツに分けることで、ウェーブが均一に再現されます。最後はムースをつけず、髪全体をくしゃっと握って整えます。

×NG
両方の手のひらにムースをのせて、髪全体に一気に揉み込んではダメ！

スタイリングのポイント

左右を7:3で分け、ボリュームを調整！

● **左右のバランスを7:3、または8:2にして分ける**と、ボリュームが左右非対称になり、髪全体が広がるのを抑えられます。ボリュームにメリハリがつくので、すっきりおしゃれな印象になります。

● ウェーブなどのクセを毎日ブローやカーラーで伸ばすのは難しく、髪にも負担がかかるので、**クセを生かす髪型にしましょう。**

年齢とともに気になる抜け毛
みなさんの疑問にお答えします！

Q1 毎日100本近く抜けて心配になります。このままだとなくなってしまいそうで心配です

A 一日100本は普通。でも、生え変わる速度は低下しています

世代関係なく、髪は一日約100本ぐらい抜けると言われています。でも、50歳前後から女性も加齢や女性ホルモンの低下などで、髪が生え変わる"ヘアサイクル"の速度が低下します。抜けても次に生えてくるまでの休止期が長くなるので、毛量低下や地肌感が目立つのです。人によって影響の出方も違いますが、頭皮や髪に過度な刺激を与えないことも大事です。P58からのシャンプーやヘアドライなどのケアを見直してみることをおすすめします。

Q3 ブラッシングしたほうが、頭皮が強くなるって聞くけどホント？

A 髪にツヤを出す効果はありますが、頭皮は強くなりません

特にブラシを地肌に強くあてたり、髪を強く引っ張ると頭皮を傷めることにつながります。また、髪が乾かないうちにブラッシングするとキューティクルが傷ついてしまい、髪も傷めます。ブラッシングするときは、静電気を抑えるスプレーやオイルをつけて、軽くがおすすめです。

Q2 頭皮マッサージは抜け毛に効果はあるの？

A 強すぎる刺激は逆効果。気持ちいい程度がおすすめです

頭皮を刺激すると血流がアップして発毛にいい影響があるとも言われています。でも、プロから見るとみなさん少し刺激が強いよう。強すぎる頭皮マッサージは、頭皮を傷め、逆に発毛に悪影響を与えてしまいます。強さよりも気持ちよさ、指の腹を使ったソフトタッチが基本です。

Q4 家で髪を染めると、頭皮や髪が傷みますか？

A 一概には言えません。髪にも地肌にもやさしいものも出てきています

人気の"ヘアトリートメントカラー"は、髪や地肌にもやさしいものが多く低刺激のものが中心です。部分染め（リタッチ）などで回数を調節するのもひとつの方法です。

今さら聞けない！
ヘアケアの疑問を教えて！

Q2 更年期以降、頭皮が脂っぽく臭いも気になります。どうにかならない!?

A 毛穴を洗浄するプレシャンプーを定期的に行いましょう

女性ホルモンが低下することで、頭皮の皮脂分泌がアンバランスになり、頭皮の乾燥やベタつき、臭いなどが気になりやすくなります。特にベタつきや臭いが気になる人は、週に1回、シャンプー前に頭皮専用のケア剤でクレンジングを行うといいでしょう。すっきり感もアップします。

Q1 20年間同じシャンプーを使っていますが、大丈夫？

A 不満がなければ大丈夫。ただ、悩みがあればそれに合わせてチェンジを

長年同じ銘柄を使っていて不満がない場合は継続してもいいでしょう。ただ、年齢とともに毛質の変化やボリュームダウンなどの悩みも発生します。それをカバーする効果実感が高いアイテムも数多く出ているので試してみるのもいいでしょう。

Q3 どんなスタイリング剤を選んでいいか、わかりません。

A 髪質やなりたいスタイルで選ぶものは違ってきます

スタイリング剤と一言で言っても種類はさまざまです。下の表で、自分の髪質やなりたい髪などに合わせてチョイスしましょう。

(左)軽くなめらかな指通りでダメージを補修しながら、しなやかに輝くさらさらな美髪に。ルシードエル オイルトリートメント #EX ヘアオイル 60㎖ ¥1200／マンダム　(右)髪を保湿し、ナチュラルなヘアスタイルをキープ。しっとりとしたうるおい美髪に。サロンスタイル ヘアワックス(ヘアメイク)72g ¥665(編集部調べ)／コーセーコスメポート

スタイリング剤の種類	髪質	髪型の印象	目的	向かないケース
洗い流さないトリートメント	どんな髪質にも	髪の傷みが目立つとき	自然な質感に仕上げたい	カッチリ仕上げたいとき
ヘアワックス	どんな髪質にも	パサつきが目立つとき	毛先に自然な動きを出したい	
ヘアオイル	どんな髪質にも	乾燥髪、広がりやすい髪	ツヤのある髪に仕上げたい	髪の量が少ないとペタッとすることも

グレイヘアをきれいに保つには？

Q5 髪が細くパサついて見え、ボリュームとツヤが出ません

悩み
- ボリュームとツヤがない

美容室でカットする前

私の悩み

40代後半から1年半近くかけてグレイヘアにしました。もともとショートカットにしていましたが、3年前に思い切ってベリーショートに。最近になって、頭頂部のボリュームとツヤがなくなってきたと感じています

滝島正代さん（70代）

アドバイス

細毛で頭頂部とつむじまわりが潰れやすいので、分け目を変えてボリュームを出しましょう。

美容室へ

自分でセットすると

グレイヘアなので思い切って耳を出すショートに。でも、ボリューム不足が気になります

私の悩み

耳まわりとえり足を切っただけで、すっきり軽くなりました！　ですが、前髪から頭頂部までは、分け目に沿ってペタンとしてしまいます。

side

A5 分け目をずらして頭頂部をふんわりと

アドバイス
どおりに
セットすると

side

つむじから分け目をずらし、動きがあるグレイヘアに！

「分け目の位置を少し変えただけで、頭頂部がこんなにもふんわり。毛流れが出たせいか、髪に動きが出て、グレイヘアですが若々しい雰囲気に。表情も明るくなったね、と言われることが増えました」

美容師さんへ

耳下・えり足を短くして、頭頂部のボリュームを強調

カット

えり足とサイドは、髪を指1本で挟んだ長さにカット。後頭部にグラデーションを施し、トップとレイヤーでつなげます。

※この髪型をオーダーしたいときに、美容師さんに見せて下さい。

Q5の解決法

いつものお手入れ
髪を洗った後は、ブラシで髪をとかしながらドライヤーをあて、乾かします。椿油をつけた手で髪全体をセットしグレイヘアがきれいに見えるようにツヤを出していますが、その分、髪がペタッと貧弱に見えることも……。

プロのアドバイス
乾かすときに、髪をなでるようにブラシを使うのをやめましょう。手ぐしのほうが、ふんわりとしたボリュームが出ます。

手ぐしで整えるのがポイント

1 髪の根元に空気を入れるように乾かす

前髪と頭頂部は、髪の根元を指ではさんで持ち上げながらドライヤーをあて、乾かします。根元に空気が入り、自然にボリュームアップ。残りの部分は、手ぐしで毛の流れを整えながら乾かします。

×NG
髪の上からブラシを使うと、根元に空気が入りません。

2 ワックスとオイルで毛流れをつくり、ツヤを出す

オイル
ワックス
ワックスとオイル

少し固さのあるスタイリング用ワックスと、トリートメント用のオイルを2：1の分量で混ぜます。滝島さんのショートヘアの場合、ワックスは1円玉大くらいの量が目安。

ワックスとオイルを手のひらになじませます。内側から髪を立ち上げるように、全体を手ぐしで整えます。毛先だけでなく髪全体にワックスとオイルがつくのでまとまりのある毛流れができ、しっとりしたツヤも出ます。

グレイヘアのワンポイントアドバイス

● グレイヘアはツヤがないと魅力が半減。ワックスとオイルを混ぜてつけると、しっとりしてパサつきがなくなり、美しいツヤが生まれます。

スタイリングのポイント

ボリューム、毛流れは乾かしながらつくる

● 前髪・頭頂部は、ドライヤーの風で髪の根元に空気を入れるように乾かすと、根元が立ち上がりペタンとしません。この方法で**8割程度乾かした後、手ぐしで髪を後ろ方向に流しながら完全に乾かせば、ボリュームのある自然な毛流れ**ができます。

● **ワックスとオイルを混ぜたものをつける**と、一度で簡単にまとまり、毛流れ、ツヤのある髪に仕上がります。

Q6 髪が細くクセがあるため、髪の根元がペタンと横に広がってしまいます

悩み
- 強いクセがある
- ボリュームが出ない

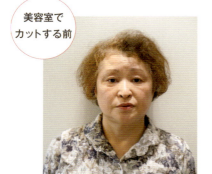

美容室でカットする前

私の悩み
髪が横にふくらんでしまうため、根元にボリュームがないのが目立ってしまいます。クセ毛に加え、歳を重ねて髪がパサつくようになり、思うようなセットができません。横の広がりを抑え、根元にボリュームを出してすっきり見せたいです。

沼生京子さん（60代）

アドバイス
カットとストレートパーマで横の広がりを抑え、トップに段を入れてボリュームを出しましょう。

↓ 美容室へ

自分でセットすると

髪を後ろに流していますが、ふんわり仕上げるには、どうしたらいい？

私の悩み
広がりは収まりましたが、頭頂部とサイドがペタンとしてしまい、ボリュームが出せません。

side

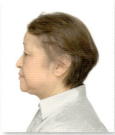 

A6 程よくサイドを抑え、フェイスラインもすっきり

アドバイスどおりにセットすると

side

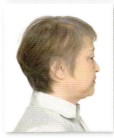

横の広がりがなくなり、頭頂部にボリュームが出て顔が細くすっきり

「髪をカットしてから、印象が変わったねとたくさんの人に言われました。自分でもフェイスラインがすっきりしたことに驚いています。手入れもとてもラクになりました」

美容師さんへ
縦長に見せるカットで、広がりを抑える

カット

えり足は4cm、もみあげはリップラインの長さに。後頭部から耳下はグラデーションカット、トップはふんわり感と動きが出るようにレイヤーカットします。前髪は眉の長さで、やや重さが残るようにカットします。

※この髪型をオーダーしたいときに、美容師さんに見せて下さい。

パーマ

トップの黒目幅の部分だけ根元2cmあけて液剤を塗ることで、トップのボリュームを維持できます。クセが強い後頭部などの部分とクセが弱い部分は液剤の強さを変えて全体のバランスを図ります。

カラー

白髪になじむようなベージュ（12トーン）で全体を染めます。白髪にベージュが薄く入り、白髪ではない髪が白髪の色に近づくので、全体が自然になじみ、髪が伸びても根元が気になりません。

Q6の解決法

いつものお手入れ
前髪とサイドの髪をくるくるドライヤーでとかし、全体を後ろに流すように整えます。ただ、くるくるドライヤーだと頭頂部にボリュームを出すのが難しくて困っています。

プロのアドバイス
ブラシのあて方を変えましょう。髪の表面からなでるようにとかすと、頭の形に沿って髪がおさまってしまうので、内側から根元を引っ張り上げてボリュームを出します。

頭頂部は"根元を起こす"を意識して！

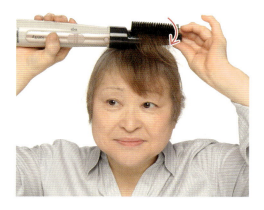

1　前髪をくるくるドライヤーで内巻きにする

片手で前髪を持ち上げ、内側にくるくるドライヤーのブラシを入れます。根元を立ち上げるようにブラシを前に回転させ、そのまま内巻きにして整えていきます。

2　頭頂部と後頭部の髪の内側から根元を立ち上げ、後ろに流す

頭頂部の髪の内側にドライヤーを入れます。地肌から髪を引っ張り上げて後ろに流し、ボリュームを出します。後頭部の髪も同様に。

PART1 読者実例　いつでも美容室帰りのようにきれいになれる

3　ワックスで毛流れをつくり、ツヤを出す

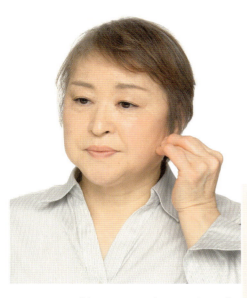

×NG
髪を抑えたり、全体をなでるようにとかすとボリュームが出ません。

程よいキープ力のあるミディアムタイプのワックスを、1円玉大くらい手のひらにとり、手になじませて。前に向かって全体を手ぐしで整えて毛流れをつくり、ツヤをプラス。最後にもみあげを指先で毛束をつくるように整えます。

グレイヘアのワンポイントアドバイス

●白髪を染めるのではなく白髪ではない髪を白髪の色に近い色にカラーリング。こうすると境界線が曖昧になり違和感なく移行できます。

スタイリングのポイント

根元から髪を引っ張り上げるようにドライヤーを

●髪全体を濡らし、**手ぐしで分け目ができないように乾かして**から、くるくるドライヤーで *1* と *2* を行うと、よりボリュームと毛流れが出ます。

●ドライヤーのブラシを外側から髪を撫でるようにあてると、頭の形に沿ってしまい、ボリュームが出ません。**内側からあて、根元から髪を引っ張り上げるようにブラシを動かす**とボリュームが出ます。

Q7 白髪染めをやめて明るい髪色を目指していますが、色の違いやムラが気になります

悩み
- サイドがぺったりする
- 髪の色ムラ

美容室でカットする前

私の悩み

思い切ってグレイヘアに移行中。でも、なかなか全体が白くならず、きれいに見えません。

青木文子さん（60代）

アドバイス

根元の毛になじむ明るい髪色で全体を染めて自然なグラデーションをつくると、違和感なくグレイヘアに移行できます。

美容室へ

自分でセットすると

サイドのボリュームがイマイチ。グレイヘアにするならふんわりを目指したい

私の悩み

髪の内側からブラシを入れて、根元を立ち上げるようにブローしていますが、頭頂部からサイドがペタンとしてしまい悩んでいます。

side

A7 カーラーでふんわりヘアを手に入れる

アドバイスどおりにセットすると

side

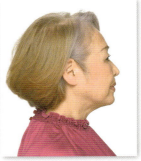

カーラーのひと手間だけで憧れのふんわりグレイヘアが実現！

「仕事が忙しく、くるくるドライヤーでとかすようにセットしていました。カーラーは面倒と思っていましたが、15分つけているだけでこんなに自然な毛流れができることに驚きました。毎日の習慣にしてみます！」

美容師さんへ
前髪から全体につながる毛流れが、ボブを華やかな印象に

カット

サイドはあごのライン、えり足は2cmの長さにカット。耳下、後頭部、トップはグラデーションカットし、前髪は目の下の長さにしてサイドにつなげます。

カラー

黒染めしていた毛先との境目をぼかすため、スイッチカラー（えがお美容室考案）を施します。毛先の白髪染めしていた部分を、ブリーチ：ライトナー（3：1）で地毛の色に近づけるよう明るくし、明るめ（13トーン）のベージュを。顔まわりのみ、パープルカラーをのせます。

※この髪型をオーダーしたいときに、美容師さんに見せて下さい。

Q_7の解決法

いつものお手入れ

夜は洗って乾かすだけ。朝はくるくるドライヤーで髪の内側からブローして整えますが、全体的にペタンとしてしまい、ボリュームが出ません。整髪料はつけません。

プロのアドバイス

くるくるドライヤーでボリュームを出すのは至難の業。実は簡単なのは、カーラーです。根元に自然なボリューム感と毛流れが出るので、シニア世代には必須のアイテムです。

カーラーで、全体をボリュームアップ！

1 太めのカーラーで、前髪を根元まで後ろに巻く

前髪の毛束を薄めにとり、カーラーを根元まで後ろに向かってしっかり巻いていきます。同様に頭頂部に1本、後頭部に2本のカーラーを巻き、クリップでとめます。前髪はカーラーの跡がつかないようにクリップは使いません。

2 右サイド、左サイドを太めのカーラーで巻く

右サイドと左サイドに2本ずつ、下向きにカーラーを巻いてクリップでとめます。カーラーは、ぶらさがらないよう、地肌につくまでしっかり巻き込みます。

PART1 読者実例　いつでも美容室帰りのようにきれいになれる

3 えり足の毛は巻かない

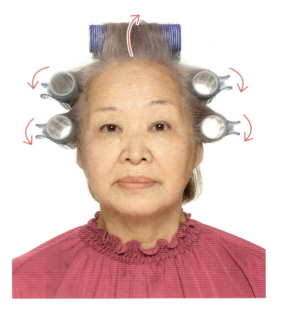

えり足の毛を巻くと、首から浮き上がってしまうのでカーラーを巻かずに、そのままにします。

4 8本巻き終えて15分程したらカーラーを外す

外した後は、全体の形を整え、手ぐしでワックスをなじませながら毛流れをつくりツヤを出します。

グレイヘアのワンポイントアドバイス

● グレイヘアで顔がくすんで見える場合は、顔まわりの髪にパープルやピンクのカラーを薄く入れると、顔色が明るく見えます。

スタイリングのポイント

仕上げのワックスで、毛流れとツヤを出す

● 寝グセがついていたり、髪がはねていると、毛流れがきれいに出ないことがあります。その場合、全体をくるくるドライヤーで整えてから、カーラーを巻くと、全体の流れが美しく仕上がります。

● ワックスの量の目安は1円玉大程度。つけすぎるとベタついたり固まって、毛流れが出ません。

多くの人が抱えている悩み
白髪の疑問に答えます！

Q2 グレイヘアにしたいけれど、似合うかどうか心配です

A 似合わなければ染めればいい、ぐらいの気持ちでスタートしては

グレイヘアの利点は似合わなければ、また黒く染めることもできるという点です。肌色や顔の印象などで、以前よりも老けて見えてしまうと感じたら、またヘアカラーで染めればいいのです。あまり深刻に考えずにスタートしてみましょう。

Q1 すぐに根元が伸びて、分け目が白く目立ちます。アイテムやテクニックでカバーできますか？

A ワンタッチ染めは種類も豊富。ヘアカラートリートメントも質がよくなっています

解消するには、シャンプーのたびに少しずつ着色できるタイプのヘアトリートメントカラーを使うといいでしょう。また、気になる部分だけワンタッチで染められて、シャンプーで洗い流せるタイプも種類豊富に出ているのでぜひ試してみては。

Q3 少しずつグレイヘアにしたいけれど、移行期はどうしたらいいの？

A 白髪染めの色を少しずつ明るくして、なじませながら移行すると自然です

グレイヘアで多くの人が悩むのが移行期です。今までの白髪染めのカラーよりも明るい色で髪全体を染めて、白髪との境界線をなじませると、まばら感やごま塩感は軽減して見えます。少しずつ明るいトーンで染めていき、最終的にグレイに落ち着かせると、周囲から見ても違和感なく移行できます。シャンプー時にできるヘアトリートメントカラーも、徐々にトーンを明るくすればセルフでもできます。

Q5 グレイヘアは素敵だけど、パサついて見える気も。どうしたらきれいに見えますか？

A 白髪は水分不足。お手入れしないとパサつきます。ヘアケアは欠かせません

髪を黒くしているメラニン色素は水分を抱き込む性質があるため、髪に潤いがあります。白髪はその力が低下しているため、パサつくのです。だから、ヘアケアは必須。ヘアトリートメントやヘアオイルなどで潤い補給をしましょう。

Q4 すぐに白髪が出るので自分で染めています。染めるときのコツってありますか？

A 市販の白髪染めは濃く着色するので、伸びた部分だけ染める、を繰り返して

セルフ染めの場合、髪全体をその都度染めると髪が傷みやすくなることも。最近は開封しても保存できるヘアカラー剤も多く出ているので、白い部分が気になったらその部分だけ染める、という形でケアするといいでしょう。

髪のボリュームアップのためにかけたいパーマ。この世代の注意点は?

Q2 髪がとても少なくなっています。地肌感があるのにパーマをかけても大丈夫なの?

A 最近のパーマ剤は低刺激なものも増えているので安心して

パーマはボリュームアップにもなるのでおすすめです。さらに、パーマ剤＝すべて刺激が強いわけではありません。最近では、低刺激で髪への負担が少ないものも数多く出ています。地肌を傷めたくないので、髪にやさしいものにしてほしいとリクエストしてみましょう。

Q1 パーマで毛先が傷んでいます。白髪染めをしても大丈夫?

A パーマ＋カラーの場合は、美容室で行うのが安全。トリートメントを強化しましょう

パーマは髪の組織を人工的に一度壊して形をつけているので、髪が傷むことがあります。パーマ＋ヘアカラーをしたい場合は、セルフでヘアカラーをするのはおすすめできません。市販のヘアカラー剤は美容室で使うものよりも強めで、髪が傷んでしまうことも。美容室で相談を。

Q3 クセのような自然なパーマが理想なのに、いつも強くかかってしまいます。どう伝えたらわかってもらえますか?

A こんなパーマという写真があれば、見せたほうが正確に強さは伝わります

パーマはかかり方の強さによって印象が大きく変わります。こんなふうにパーマの質感を出したいという具体的な例があれば、写真などを持っていったほうがいいでしょう。さらに、髪質によってかかりやすさも変わってきます。過去にパーマをかけたとき、かかりやすかったか、持ちはよかったか悪かったかなども具体的に話してみましょう。

家でもきれいに
スタイリングするためには?

Q1 自分で上手にドライヤーが使えません。美容室帰りのような髪型になかなかできません

A 自分ができることを伝えて、スタイリング法を教わってから帰りましょう

美容室では切ってもらって終わりではなく、どうしたらそのスタイリングになるのか、詳しく聞いてみることを忘れずに。「不器用なので簡単にできる方法を」といえば、やり方を教えてくれるはずです。また、スタイルキープのヘアスプレーもおすすめです。

おすすめアイテム

キューティクルを保護し美しいウェーブを再現

なめらかで弾力あるウェーブヘアに。LUX 美容液 スタイリング メリハリウェーブフォーム 130g オープン価格／ラックス

柔らかなニュアンスをキープする

パリッと固めず、髪の動きを自然な感じにキープする。ケープ ナチュラル＆キープ 無香料 180g オープン価格／花王

Q2 昔買ったホットカーラーで巻くのはダメですか？

A カールが強く出すぎる傾向があるので、早めに外すことが必要です

ホットカーラーは熱を持っているため、強くきれいにカールが出ます。ただ、カールが強すぎると、ナチュラルな仕上がりにはなりません。もしもホットカーラーを使う場合は、軽くクセがつく程度で外して。おすすめはマジックカーラータイプです。

巻くだけで簡単ボリュームアップ！

マジックカーラータイプ。120㎜のロングタイプカーラー10本セット。専用ヘアクリップ付き。すがもメーク ふんわりボリュームヘアカーラー（ショートボブ用）¥5537／新大人総研

Q3 夜シャンプーと朝シャンプー、スタイリングはどちらが簡単にできますか？

A 夜洗ってしっかり乾かして、朝軽く濡らしてスタイリングがラクチンです

スタイリングするには、髪が地肌からしっかり乾いていないとできません。朝シャンで髪を乾かしてからその手順を踏むととても時間がかかるので、シャンプーは夜がおすすめです。

PART 2

コツを摑めばきれいに若返る!

髪をきれいに保つためには、ふだんからきちんとお手入れすること。
けれども大変だと続きません。ヘアからメイクまで、
簡単にきれいになれるコツをお教えします。

どんな髪質、顔型でも必ず似合う
プロがすすめる、"若見え王道ボブ"

更年期前後から髪質は大きく変わります。髪が細くなり、毛量もボリュームダウン。そんなふうに感じたらヘアスタイルの変えどきです。私たち世代の悩みをプラスに変えてくれる黄金スタイルをご紹介しましょう！

こんな悩みをすべて解消

- 髪が細くなり、全体のボリュームがなくなった
- 髪のコシ・ハリがなくなり、根元がペタンとしてしまう
- 髪が乾燥してパサつき、まとまらなくなった
- 髪に今までにないうねりができた
- 髪のツヤがなくなった
- スタイリングが上手にできなくなった
- 今までの髪型が似合わなくなった、似合う髪型がわからない

歳を重ねて変わるのは髪質だけではありません。顔の皮膚にもたるみが出てきて、輪郭が四角く変化します。そのため、若いころと同じ髪型のままでいると顔の形とのバランスが悪くなってしまうことも。「年齢に合わせて髪型を変える」、これが悩み解消のポイントです。

年齢を選ばない、これが、"若見え王道ボブ"

年齢を重ねると、次第に長めの髪はボリュームのなさを強調して、似合わなくなります。今こそ、少し短めのボブヘアがおすすめ。次のページで"若見え王道ボブ"を詳しくご紹介します！

四角いシルエットが老け見えの原因でした

あごよりも下の長さの髪型は、四角くなった顔を囲み、たるみが強調されがちに。さらに、頭頂部の毛量も貧弱に見え、髪に流れや動きがないため重い印象になります。

Before

**10年続けていたロングヘアを
半年前に肩の長さに切りました**

「短くしたらボリュームが出ると思っていましたが、シルエットが四角くなり、逆に全体にペタンとなり髪が貧弱に見えて悩んでいます」

（50代）

**広がりがちなサイドが
頭を大きく見せてアンバランスに**

耳から下の髪の重さで、頰からあごがたるみ顔が大きく見えがちに。髪の長さがほぼ同じで、動きがなく、ツヤのなさと毛先の傷みが目立ちます。

side

1：1が黄金比！
"若見え王道ボブ"のポイントは、ひし形シルエット

頭頂部
両目の黒目の間にボリュームが出るようにバランスをとる。

こめかみ
前髪をこめかみの位置からサイドに流すと、顔と髪が自然になじむ。

サイド・後頭部
鼻先の延長線上より2cmくらい高い位置をボリュームアップ。

えり足
やや短めにすると、シルエットが整い、顔のたるみが気にならなくなる。

「平面的な印象がなくなりました。髪にも自然な動きが出て、気になっていた顔のたるみも心なしかすっきり見える気がします。気持ちも若返りますね」

頬骨を中心に1：1のボブ！

年齢とともに、髪質だけでなく、輪郭も変化しています。"若見え王道ボブ"は、そんな世代が抱える悩みをカバーするヘアスタイルです。顔型、髪質問わず似合うので、おすすめです。

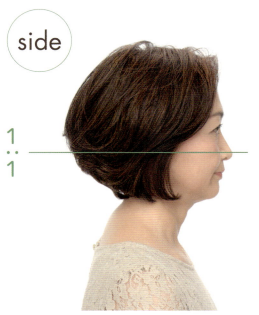

頬骨を中心にした1：1。若返り効果もあります

サイドで一番広がる部分は、頬骨の延長位置になります。そこから、頭頂部までの長さ、毛先までの長さが1：1のシルエットをつくるときれいなひし形に。頬骨の位置が高く見え、表情も若々しく。

後頭部を少し高くして立体的なシルエットに

後頭部を少し高い位置でカットすると、美しいシルエットに。頭頂部の薄毛も気にならなくなります。

サイドも後頭部もボリュームを出す位置を慎重に

髪のボリュームが出る位置で、印象は大きく変わります。ボリューム感を出す位置を重視して、美容室でオーダーするといいでしょう。

サイドには段を。頬骨の延長、耳上がふんわりするように

頬骨の延長のラインにボリュームが出るように段を入れます。こめかみは広がらないようにカットします。

後頭部は丸みをつけて、えり足は締めるラインに

頭頂部から後頭部にかけて段を入れ、自然な丸みをつけます。えり足に向けて締まるように毛先を整えます。

フェイスラインの髪はあまり重たくしない

輪郭が気になるからとフェイスラインを隠すと逆効果。サイドを少し軽くすると、すっきりします。

美容師さんへ

ひし形シルエットに

カット

トップは黒目の幅で、サイドは頬骨の延長線上で、後頭部は鼻先の延長線上より2cm上ぐらいにボリュームが出るように段を入れる。シルエットは、ひし形に。えり足はやや短めにカット。毛量が多く膨らみやすい人は、こめかみ部分が広がらないように段を加えて。

※この髪型をオーダーしたいときに、美容師さんに見せて下さい。

"若見え王道ボブ"を自分でスタイリング

1 | **セルフケアではトップの
ボリュームに着目して**

カーラーを用意。黒目と黒目の間にカーラーがくるように、巻きます。"若見え王道ボブ"であれば、カーラーが4本あればOKです。

ここが
ポイント！
**根元から
しっかり
巻く**

2 | **基本は後ろ向きに、
後頭部上までカーラーを**

前髪がない場合は、すべて後ろ向きにカーラーを巻いていきます。毛先だけでなく、根元が立ち上がるようにしっかりめに巻くことが大事です。

ここが
ポイント！
**均一に
なじませる**

3 | **少しキープ力がある
ヘアクリームを手になじませて**

クリームタイプのスタイリング剤（ヘアクリーム、ヘアワックス）を使います。少し毛束感やホールド感が出るものを選んで。

大豆大を手にとり、両手をすり合わせて両手のひらにクリームをなじませます。

PART2 コツを掴めばきれいに若返る！

ここがポイント！
髪をかき上げながら

4 両手をえり足から差し込んでクリームをなじませる

クリームがついた手で、えり足から髪を上にかき上げます。両手のひらを開いて、髪が乱れるぐらいダイナミックにかき分けましょう。

5 サイドも両手を差し込んで毛流れをつくる

両サイドにも手のひらを差し込んで少し後ろに流すようにして整えます。手のひらを地肌につけず、毛先を動かすようにするとふんわり感がアップします。

6 サイドの毛先は指に残ったクリームで整えて

サイドや動かしたい毛先は、指に残ったクリームで毛先をつまむようにして動かします。ヘアクリームを再度つけると重くなるので、指に残ったもので十分です。

シャンプーとヘアドライを変えるだけで髪は変わります!

洗髪の仕方や乾かし方を変えるだけで、髪はボリュームアップできることを知っていますか? ちょっとした日常の工夫で、見違えるように美しい髪に変わるのです!

Before

ちょっとしたヘアケアのクセがボリューム不足の髪に変えてしまいます

女性ホルモンの影響などで、抜け毛が増えたり髪の一本一本が細く変化します。でも、あきらめなくても大丈夫! 毎日のヘアケアを少し変えるだけで髪は見違えます。(60代)

こんなヘアケア習慣が、ペタンコ髪の原因かも!

- 髪の傷みが気になって地肌までしっかりトリートメント
- ドライヤーは髪が傷むから自然乾燥
- くるくるドライヤーでとかしながら乾かす
- 手ぐしで後ろ方向に指でとかしながら乾かす
- ツヤのある髪のためにヘアオイルをたっぷり

side

ヘアケア習慣を変えるだけで、こんなにもふんわりヘアに！

After

side

シャンプーの仕方を見直して、ふんわり

シャンプーの仕方は誰にも習わないため多くの人が自己流です。刺激が少ないやさしい洗い方をマスターして、健康な頭皮と髪を保ちましょう！

1 髪と頭皮をぬるま湯ですすぎ、手のひらにシャンプーをとる

大事なのは、髪をしっかり濡らすということ。濡れていない状態でシャンプーを塗布すると、頭皮や髪に摩擦がかかりすぎてしまうことも。また、シャンプーの量は、商品に書かれた適量を確認しましょう。

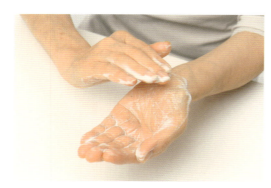

2 シャンプーは頭でなく、手のひらで泡立ててから塗布

頭皮の汚れは泡で浮かせて落とします。頭にのせてから泡立てると、肌を刺激しすぎて抜け毛の原因に。髪も摩擦され、切れやすくなります。手のひらでしっかり泡立ててから髪にのせましょう。

3 頭皮を指の腹でマッサージするように洗う

頭皮を刺激しすぎると無駄な皮脂が増えてしまうことも。指の腹で泡を揉み込むように全体を洗います。爪で頭皮を傷つけたりしないように、注意しましょう。

ここがポイント！ 指の腹で洗いましょう

PART2 コツを掴めばきれいに若返る！

4 | 頭頂部から耳の後ろ、後頭部を洗い、しっかりすすぐ

シャンプーが頭皮に残らないよう、しっかりすすぎます。すすぐときには、頭を下げるよりも頭を上げたほうがすすぎ残しを防げます。

ここがポイント！
塗布は毛先だけ

5 | トリートメントは頭皮ではなく、毛先だけに塗布して

シャンプー後につけるトリートメントやヘアパック。髪全体や頭皮にまですり込む方がいますが、これはNG。油分が多いので頭皮につくと髪がペタッとするもとに。毛先にだけ塗布しましょう。

シャンプーはどうやって選ぶ？

低刺激で頭皮環境を整えるものを

顔の皮膚と同じように、頭皮も乾燥し、毛穴が詰まりやすくなります。また、頭皮の新陳代謝が乱れて細毛や抜け毛の原因に。薄毛や髪のボリューム不足が気になり出したら、頭皮環境を整えるタイプのシャンプーを選びましょう。頭皮環境が整い保湿され、美しく健やかな髪が育ちやすくなります。

髪と頭皮をしっかり乾かすことが大事

半乾きの状態は、頭皮を乾燥させ、髪を傷めます。ドライヤーで頭皮を手早く乾かしたほうが、根元をボリュームアップすることができ、ふんわり感がでます。

1 タオルで"頭皮"の水分を取り除く

タオルで水分を取り除きます。大事なのは、頭皮を中心に水分を取ること。頭にタオルをのせて、両手で頭を軽く摑みます。指先を素早く動かして、頭皮を中心に拭き取ります。

×NG
洗髪後、タオルで頭を包んだまま、長時間放置するのは×。頭皮に雑菌が増殖する原因に。

2 髪の根元にボリュームを出すタイプのミストを吹きかける

頭頂部などの髪がペタンとしやすい部分の根元に吹きかけ、軽く揉み込みます。

ケアしながら根元のボリュームをアップ！

洗い流さないトリートメント。髪をケアしながらふんわり仕上げる。グラマラスカール N ローション ボリュームコントロール 150ml ¥1500／中野製薬

PART2 コツを掴めばきれいに若返る！

3 毛の流れと逆に髪を引っ張り上げ、ドライヤーをあてる

分け目と逆向きに髪を引っ張りながら、根元にドライヤーの風をあてて、乾かしていきます。ドライヤーは頭皮から15cm程度離してあてます。

ここがポイント！ 根元に風をあてる

✕ NG

これも多くの人がやっている乾かし方。サイドの髪を後ろに手でなでつけながらドライヤーをあてると、ボリュームが低下。

4 後頭部は髪を上方向に引っ張りながら、毛束の下を乾かす

後ろ髪を乾かすときに、頭頂部から下に向かってドライヤーをあてるとボリュームダウンに。毛束を取って、上に引っ張りながら、毛束の下にドライヤーの風があたるように乾かして。

くるくるドライヤーの場合

くるくるドライヤーはブラシを外して使います。風が弱いので、半乾きになりがちですが、しっかり乾かしましょう。乾かす手順は、ドライヤーと同様です。

くるくるドライヤーで簡単スタイリング

ブラシが一体となったくるくるドライヤー。ただし使い方を間違えるとペタンコ髪の原因に。

自分でセットすると

いつものスタイリング

**ブラシでとかすようにすると
ボリュームは出ません**

上から下に向かって髪をとかしながら使う人が多いようです。でも、これだと髪を潰しながらスタイリングしていることになり、毛量が少ない印象に。

ここがポイント！
根元から巻く

1 頭頂部の髪を内巻きに

頭頂部の髪を前向きに、内巻きにブラシをあてます。このとき内巻きにするのは毛先ではなく根元。ブラシを動かさずに位置を決めたまま、温風を数秒あてて形をつくります。

2 | サイド、後頭部の髪を内巻きにする

根元から立ち上げるように内巻きにします。このときもブラシを動かさずに、位置を決めたら温風をあててクセをつけます。髪が短い人は、逆の手を下から添えると、位置がキープできます。
最後に手ぐしで毛流れを整え、仕上げます。

✕ NG

髪の表面からブラシでとかすと、ボリュームがつぶれてしまう

表面をなでるようにとかすと、髪が頭の形に沿って寝てしまい、毛先もまとまりません。

カーラーを巻くだけスタイリング

カーラーだけでも簡単にボリュームが出せます。カーラーが苦手な人も、慣れれば短時間で上手に巻けるようになります。

1　前髪、頭頂部、後頭部に直径が3㎝程度の太めのカーラーを巻く

はじめに前髪、次に頭頂部を、前に向かって巻きます。その次に後頭部を2つに分けて、後ろ向きに巻きます。

ここがポイント！ 頭頂部を巻く

2　重要なのは頭頂部。ここを巻くことでボリュームアップ！

髪のボリュームが気になる世代は、「頭頂部巻き」が必須。
前髪から頭頂部は前に向かって巻き、後頭部は後ろに向かって巻くのがコツです。かんたんにすませたいときは、ここまででもOK。

PART2 コツを摑めばきれいに若返る!

サイドも巻いて、全体をふっくら

3 | サイドを2つに分けて、下向きに巻く

1と同様に、根元までしっかり巻き込んで、クリップでとめます。

4 | 9本のカーラーが巻き終わったら、15分程度おく

えり足は首から浮いて不自然になるのでカーラーは巻きません。
15分おけない場合は、カーラーごとにドライヤーの温風を10秒、次に冷風を5秒あてます。

ここがポイント！
手ぐしで整える

5 | カーラーを外し、手ぐしで毛流れを整える

ボリュームが潰れてしまうので、ブラシを使わず、手ぐしでさっと整えます。

ドライヤー+ブラシの場合

ブロー用のブラシで、上級スタイリング

ブロー用のブラシを使えば、よりふんわりと仕上げることができます。ブラシのあて方は、くるくるドライヤー（P62参照）と同じです。

後頭部は後ろに内巻きにして根元をしっかり立ち上げる

ドライヤーを持ちながら、頭頂部を前方向の内巻き、後頭部は後ろ方向の内巻きに。

> ×NG
> ブラシで髪の表面をとかしながらスタイリングすると髪が寝てしまいボリュームが出ないので、注意しましょう。

ブラシとドライヤーは軽くて持ちやすいものを選んで

（左）髪に深く食いこまず地肌にやさしいソフト感触。ロールブラシ SF-252 サロン専売品／SANBI

（右）プロ仕様の速乾力で、根元からすばやく乾かし、ツヤ髪に仕上げる。プロフェッショナルプロテクトイオンヘアードライヤー ¥17800／テスコム

美容師さんと上手に付き合うと
もっときれいになれる！

Q1 どれくらいのサイクルで美容室に行くべき？
理想的なサイクルはありますか？

**A 髪の長さでも違います。
ショートや毛量が多い人は1ヵ月半が理想的**

髪の伸びる速度は個人差があります。ショートの人、ボリュームが出やすい人は、1ヵ月半ぐらいのサイクルで通うのが理想です。髪は伸びきってしまうと、スタイルが崩れてスタイリングしにくくなり、髪がぺったり見える原因にもなります。また、ヘアカラーも1ヵ月半ぐらいを目安にすると、"リタッチ"という部分染めだけで済むのでリーズナブルに済むケースも少なくありません。

Q2 どうやって美容師さんとお話ししたら、イメージに近い
髪型になるのでしょうか？　上手な伝え方はありますか？

**A なりたい髪型だけでなく、普段困っていること、
悩んでいることを教えてください**

一番わかりやすいのは、なりたいなと思う人の写真を持っていくことです。恥ずかしいかもしれませんが、美容師さんは、笑ったり似合わないとは言ったりしないので、心配せずに写真があれば持っていきましょう。さらに、自分が普段のお手入れで困っていること、悩んでいること、もっとこうしたいと思っていることも話してみるといいでしょう。細かく話すほど、なりたい髪型に近づくはずですよ。

Q3 イメチェンしたいけれど、なりたい髪型がわかりません

**A そういう方ばかりです。悩みや好きなファッションなど
ざっくばらんにお話しする中で見つけるので大丈夫です**

よく、美容室で「どんなところによくお出かけされますか？」「服はどんなものをお召しになりますか」と質問をします。これは、お話の中から似合う雰囲気を探しているのです。自分でイメージがわかない場合は、美容師と楽しくお話をしていただくことも大事なのです。

顔のリフトアップも！
頭皮を健やかにするマッサージ

血行アップのマッサージで、細毛や抜け毛を予防しましょう。顔の筋肉を支えている頭の筋肉が刺激されることで、リフトアップ効果も期待できます。

1 頭皮に栄養とうるおいを与えるトニックをつける

トニックを指の腹で頭皮全体にまんべんなくなじませます。女性用の育毛タイプもたくさん出ているので、おすすめです。

頭皮全体にトニックをつける

2 こめかみ、耳の上に指を置き、圧を加えて押していく

両手の指の腹で、圧を加えて目がつり上がるくらいまで引き上げ、頭皮をぐっと押します。そのまま円を描くように手を滑らせ、頭頂部に向かってマッサージしていきます。

ここがポイント！ しっかりと圧を加える

PART2 コツを掴めばきれいに若返る！

3 | **2と同じ要領で、耳の後ろから頭頂部に向かってマッサージする**

上に引き上げるように圧を加えて数秒押したら、ゆっくり力を抜いて手を離します。

ここがポイント！
親指でぐっと押す

4 | **手のひらを側頭部にあて、左右の親指でぐっと圧を加える**

えり足から後頭部も同様に行います。

うるおいを与えて頭皮健やか、美しい髪に

頭皮に栄養を与えるマッサージ用トニック。薄毛や細毛、ボリュームダウン、ハリ・コシの低下など、年齢による髪悩みをケア。メディルックα スキャルプトニック〈医薬部外品〉200㎖ ¥5000／ホーユープロフェッショナル

若見えふんわりヘアをつくる4つのポイント

- シャンプーでは頭皮を洗い、細毛と抜け毛を予防
- 髪を乾かすときは、毛流れに逆らい根元を立ち上げる
- くるくるドライヤーやカーラーで、頭頂部にボリュームを出す
- 頭皮マッサージで、健やかな髪を育てる頭皮環境に

「髪の悩みは、年齢のせいと半分諦めていました。でも、シャンプーや乾かし方を少し変えるだけで、こんなにふんわりした髪になれる！ スタイリングも簡単で、これなら毎日明るい気持ちで過ごせそうです」

知っておくと役立つ言葉

トップ（頭頂部）
頭の真上。丸みがある部分のこと

前髪
バングとも呼びます。横分けの場合はサイドバングとも呼びます

ハチ
頭頂部からちょっと下の、頭が一番張っている部分

サイド
髪の両側の部分

もみあげ
耳の前にある部分

毛先
スタイリングなどで毛先と言うときは、毛先5cmぐらいまで

後頭部
頭頂部の丸みがある部分から少し下にかけて

こめかみ
おでこの両脇にあるくぼんでいる部分

えり足
後頭部の下から首にかけての境目部分

誰でも簡単、誰にも似合う!! プロがすすめる3点カバーの"若見えメイク"

髪型を変えたら、メイクも見直しどきです。私たち世代の顔や肌の悩みを簡単にカバーできるメイクテクニックをご紹介します。

見直すべき3つのポイント

- 化粧下地で明るく透明感のある肌色にする
- 血色感を出して健康に見せるチークは必須
- 眉を整えて表情を引き締め、すっきりした印象の顔立ちに

Before

メリハリがなくぼんやりしてしまい、健康的に見えないのが悩み

「似合うメイクがわからず、今はファンデーションと口紅を塗るだけになっています」　　　（60代）

顔だけでなく、気持ちも明るくなりました！

「肌色に明るさを出すだけで、顔がこんなに違って見えるとは驚きました。眉が整って、顔にメリハリがついたように感じます。肌も心も若返った気がして、自然と笑顔になれますね」

下地

くすみがちな肌色のトーンをアップ！気になる肌悩みは化粧下地でカバーする

肌のくすみやシミなどをカバーするには、化粧下地が効果的です。肌が明るくなり、ファンデーションも薄づきですむので、自然で美しい肌に仕上がります。

1　もっとも重要なのは、メイク前のスキンケア

洗顔後、化粧水や乳液などでしっかり保湿すると、肌のキメが整い、上からのせるファンデーションがなじみやすくなります。

After

下地で肌のトーンはここまで変えることができます！

下地をきちんと整えるとファンデーションを薄づきにすることができ、メイクの印象を若々しく保つことができます。

PART2　コツを摑めばきれいに若返る！

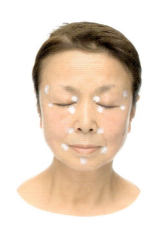

| **3** | 指の腹を滑らせて広げ、顔全体になじませる |

下地をすり込むのではなく、肌をそっとなでるようにのばしていきます。肌に膜を張るようなイメージで。

| **2** | こめかみ、目の上下、小鼻の脇、口角の横、唇の下に下地を |

凹凸の陰は暗くなり、くすんで見えやすい部分です。特にくすみが気になる部分には、多めに置きます。

おすすめ下地

光の効果で顔全体を明るく仕上げる

シミや小ジワ、毛穴の凹みを光で消して明るい肌色に。ソフィーナ プリマヴィスタ ディア 明るさアップ 化粧下地（カバータイプ）25g ¥2800（編集部調べ）／花王

ラベンダー色がくすみをクリアに

ラベンダー色の血色感と透明感を出す効果が、肌色をトーンアップ。シミウス クイックトーンアップベース ラベンダーピンク 30g ¥2593／メビウス製薬

肌を乾燥から守る美容液のような下地

肌の表面を整え、ファンデーションのつきともちをアップ。保湿成分配合でスキンケア効果も。パラビオ ACメイクアップベース 30g ¥7000／ヤクルト ビューティエンス

チーク

血色感をつくって、明るく健康的な顔に。印象を若々しくするチークは必須！

血色感のなさは、老け見えの原因の一つ。チークで血色を再現するだけで肌が明るくなり、若々しく見えます。

肌に明るさとツヤが出て、若々しく健康的な表情に

「チークだけでこんなに印象が変わるとは思いませんでした。顔も引き締まって見えるような気がします」

肌がくすんでいるため顔色が悪く見え、疲れた印象に

「チークを入れると"おてもやん"になってしまうので、普段は使っていません。顔が自然に明るく見える色選びや入れ方を知りたいです」

PART2　コツを掴めばきれいに若返る！

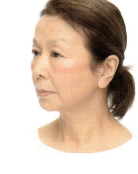

| 2 | 黒目の下から頬骨に沿って ぼかしながら広げる |

頬骨の下まで入れるとやつれた印象に、小鼻より下に広げると顔がたるんで見えるので、広げすぎないように。

| 1 | にっこり笑ったとき、 頬の一番高くなる位置に |

肌なじみのよい落ち着いた色のチークを選んで、チークを指かブラシに少量とって、肌に線状にのせます。

おすすめチーク

血色感とツヤ感で生き生きした表情に

上品なベージュ。顔の側面に使うと、立体感と自然な赤みが出ます。クレ・ド・ポー ボーテ ブラッシュクレーム 4 ピーチベージュ ¥4500 ／資生堂インターナショナル

血色のよいツヤのある肌に

指でトントンとなじませるだけで、自然な血色感を再現。頬骨の出っ張りが補整されて輪郭もシャープに。シミウス スティックチークベージュピンク ¥2800／メビウス製薬

リップにも使えるマルチスティック

肌に溶け込むような発色で、血色感と、自然な立体感のある頬に。ヴィセ アヴァン マルチスティックカラー 001 CRYBABY ¥1800（編集部調べ）／コーセー

眉

"左右の交互描き"が眉メイクの基本。バランスが整い、ぼんやり顔も解消されます

シワやたるみによって、眉の高さは変わってきます。眉の高さを整え、薄くなった毛を描き足すだけで顔立ちにメリハリが出ます。

✕ NG 失敗しがちな眉メイクの2つのポイント

顔をかしげたり、うつむいて描くと左右のバランスが崩れます。正面をまっすぐ見て描きましょう。

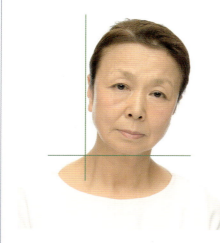

顔を横にかしげると、左右の高さがずれてしまう

顔をまっすぐにして鏡に向かうと、左右同じ高さの眉に仕上げられます。

鏡が小さいと左右のバランスが比較できません

手鏡やコンパクトの鏡を覗き込むと、片側の眉毛しか見えず、左右のバランスを整えるのが難しくなります。顔全体が入る鏡を使って、整えることが大事です。

おすすめ アイブロウペンシル

固めの極細芯で繊細な毛が描ける

持ちやすい軽さと細さのペンシル。芯が固めで、眉毛一本一本まで繊細に描けます。エレガンス アイブロウ スリム BR21 ￥3800（セット価格）／エレガンス コスメティックス

低価格なのに、固さと色みが絶妙

程よい芯の固さと、誰にでも似合う色み。パウダーペンシル アイブロウ デジャヴュ ステイナチュラP 楕円細芯 グレイッシュブラウン ￥900／イミュ

落ちにくく、髪色を選ばない色

ブラウンとグレーの中間の色みなので、どんな髪色にも。アイブロウ スタイラー リンガリング ソフトトープブラウン ￥2500／M・A・C

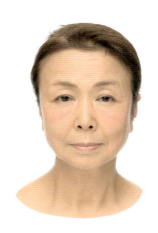

1 眉頭から眉の中央まで、左右交互に描き足す

芯の細いアイブロウペンシルで、毛一本一本を足すように描いていきます。左右交互に少しずつ描くことで、左右の高さを合わせます。

2 中央から眉尻までをつなげるように、描き足す

眉のシルエットを塗りつぶすのではなく、毛を足すように描きます。眉尻は、小鼻から目尻を結んだ延長線上に。

テルイ タカヒロ

シニア世代専門の美容師の第一人者。2018年1月にオープンしたシニア世代専門の「えがお美容室」創業メンバーの一人。年齢を重ねた人の髪の悩みを分かってくれて、解決してくれるという評判を聞き、お客様は北海道から沖縄まで全国各地からやって来る。特にグレイヘアのヘアカラーとスタイリングに定評があり、顧客満足度の高い技術を提供している。

ブックデザイン／ダイアートプランニング
編集協力／伊藤まなび・田中優子
写真（モデル）／大坪尚人（本社写真部）
写真（スナップ）／えがお美容室

※本書に掲載されている商品・情報は2019年5月現在のものです。
　商品・ブランド名は変更になる場合もございますのでご了承ください。
※商品価格は税抜き表示です。

協力店リスト
イミュ　0120-371367
エレガンス コスメティックス　0120-766-995
花王（ケープ）　0120-165-692
花王（ソフィーナ）　0120-165-691
コーセー　0120-526-311
コーセーコスメポートお客様相談室　03-3277-8551
SANBI　055-971-4707
新大人総研　03-5385-8879
資生堂インターナショナル（クレ・ド・ポー ボーテ）　0120-81-4710
テスコム　03-5719-2094
中野製薬　0120-075570
M・A・C　0570-003-770
マンダムお客様相談室　0120-37-3337
メビウス製薬　0120-438-794
ホーユープロフェッショナル　お客様相談室　0120-416-229
ヤクルト ビューティエンス　0120-8960-81
ラックス ユニリーバお客様相談室　0120-500-513

講談社の実用BOOK
髪型（かみがた）を変（か）えれば若返（わかがえ）る！　シニアビューティヘア
2019年6月19日　第1刷発行

著者　テルイ タカヒロ
©Takahiro Terui 2019, Printed in Japan
発行者　渡瀬昌彦
発行所　株式会社 講談社
　　　　〒112-8001　東京都文京区音羽2-12-21
　　　　電話　編集　03-5395-3529
　　　　　　　販売　03-5395-4415
　　　　　　　業務　03-5395-3615
印刷所　共同印刷株式会社
製本所　株式会社若林製本工場

定価はカバーに表示してあります。
落丁本・乱丁本は購入書店名を明記のうえ、小社業務あてにお送りください。
送料小社負担にてお取り替えいたします。
なお、この本についてのお問い合わせは、生活文化あてにお願いいたします。
本書のコピー、スキャン、デジタル化等の無断複製は著作権法上での例外を除き禁じられています。本書を代行業者等の第三者に依頼してスキャンやデジタル化することは、たとえ個人や家庭内の利用でも著作権法違反です。

ISBN978-4-06-515583-7